새벽달과 현석샘이 함께하는

낭독하는
이솝우화

BOOK · 2

새벽달(남수진) · 이현석 지음 l 이솝 원작

차례

◆ **Book 2** ◆
오디오 음원 듣기

이 책은 이렇게 만들었어요!

1

이솝우화 중 가장 널리 알려진
우화 8개가 이 책에 담겨 있습니다.

시작하기 전에 **핵심 단어**를
우선 점검해 보세요.

2

이솝우화를 **낭독에 최적화된 길이와 수준**으로 다시 썼습니다!
우화당 전체 길이는 150단어, 각 문장의 길이는 9-10단어로 맞추었습니다.

영어 수준은 **Flesch Reading Ease Scores**라는 기준을 통해
과학적으로 측정하여 **원어민 11세 수준**으로 맞추었습니다.
따라서 초보자도 쉽고 재미있게 낭독할 수 있습니다.

3 이현석 선생님의 **강세와 청킹 가이드**에 맞춰 더욱 유창하게 낭독해 보세요.

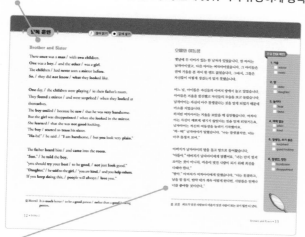

번역도 확인해 보세요! **한국어 낭독**을 하는 것도 좋습니다.

4

이솝우화 내용과 교훈으로 **토론할 수 있는 질문**이 준비되어 있습니다.
꼭 '영어'로만 토론해야 하는 것은 아닙니다! 우리말로 토론하는 것도 문해력 향상에 큰 도움이 됩니다.

QR코드 영상을 통해 새벽달님과 이현석 선생님이 이 책을 활용하는 가장 좋은 방법을 직접 설명해 드립니다!

Fable
1

Brother and Sister

오빠와 여동생

Brother and Sister

There once was a man with two children.
One was a boy, and the other was a girl.
The children had never seen a mirror before.
So, they did not know what they looked like.

One day, the children were playing
in their father's room.
They found a mirror and were surprised
when they looked at themselves.

The boy smiled
because he saw that he was very handsome.
But the girl was disappointed
when she looked in the mirror.
She learned that she was not good-looking.
The boy started to tease his sister. "Ha-ha!" he said.
"I am handsome, but you look very plain."

The father heard him and came into the room. "Son," he told the boy, "you should try your best to be good, not just look good."

"Daughter," he said to the girl, "you are kind, and you help others. If you keep doing this, people will always love you."

⚑ Moral It is much better to be a good person rather than a good-looking person.

Brother and Sister

There **once** was a **man** / with **two child**ren.
One was a **boy**, / and the **other** / was a **girl**.
The **child**ren / had **never** seen a **mir**ror be**fore**.
So, / they did **not know** / **what** they **look**ed like.

One day, / the **child**ren were **play**ing / in their **fa**ther's room.
They **found** a **mir**ror / and were sur**pri**sed / when they **look**ed at thems**el**ves.
The **boy smil**ed / because he **saw** / that he was **very hand**some.
But the **girl** was disap**point**ed / when she **look**ed in the **mir**ror.
She **learn**ed / that she was **not good**-looking.
The **boy** / **start**ed to **tease** his **sis**ter.
"**Ha**-ha!" / he said. / "I am **hand**some, / but **you** look very **plain**."

The **fa**ther **heard** him / and **came** into the **room**.
"**Son**," / he **told** the **boy**,
"you should **try** your **best** / to be **good**, / **not** just **look** good."
"**Daugh**ter," / he **said** to the **girl**, / "you are **kind**, / and you **help others**.
If you **keep do**ing this, / **peo**ple will **al**ways / **love** you."

⚑ Moral It is **much** better / to be a **good** person / **ra**ther than a **good**-looking **per**son.

오빠와 여동생

옛날에 두 아이가 있는 한 남자가 있었습니다. 한 아이는
남자아이였고, 다른 아이는 여자아이였습니다. 그 아이들은
전에 거울을 본 적이 한 번도 없었습니다. 그래서, 그들은
자신들이 어떻게 생겼는지 알지 못했습니다.

어느 날, 아이들은 자신들의 아버지 방에서 놀고 있었습니다.
아이들은 거울을 발견했고 자신들의 모습을 보고 놀랐습니다.
남자아이는 자신이 아주 잘생겼다는 것을 알게 되었기 때문에
미소를 지었습니다.
하지만 여자아이는 거울을 보았을 때 실망했습니다. 여자아
이는 자신이 예쁘게 생기지 않았다는 것을 알게 되었거든요.
남자아이는 자신의 여동생을 놀리기 시작했어요.
"하−하!" 남자아이가 말했습니다. "나는 잘생겼지만, 너는
아주 못생겨 보여."

아버지가 남자아이의 말을 듣고 방으로 들어왔습니다.
"아들아." 아버지가 남자아이에게 말했어요. "너는 단지 멋져
보이는 것이 아니라, 마음이 멋진 사람이 되기 위해 최선을
다해야 한다."
"딸아." 아버지가 여자아이에게 말했습니다. "너는 친절하고,
남을 잘 돕지. 만약 네가 계속 이렇게 한다면, 사람들은 언제나
너를 좋아할 것이란다."

📕 **교훈** 외모가 멋진 사람보다 마음이 멋진 사람이 되는 것이 훨씬 더 낫다.

주요 단어 확인

1. 거울
- ☐ mirror
- ☐ room

2. 딸
- ☐ sister
- ☐ daughter

3. 놀리다
- ☐ hear
- ☐ tease

4. 매력 없는
- ☐ plain
- ☐ kind

5. 잘생긴, 보기 좋은
- ☐ surprised
- ☐ good-looking

6. 잘생긴, 멋진
- ☐ handsome
- ☐ disappointed

1 The boy teases his sister for being plain. Unlike what the boy said, what words will make your family and friends happy today?

남자아이는 자신의 여동생이 못생겼다고 놀립니다. 이 남자아이가 한 말과는 달리, 어떤 말이 오늘 여러분의 가족과 친구들을 행복하게 할까요?

2 Have you ever seen someone teasing someone else? How did you respond, or what could you do differently next time?

어떤 사람이 다른 누군가를 놀리는 것을 본 적이 있었나요? 어떻게 반응했어요, 혹은 다음에는 여러분이 어떻게 달리 할 수 있을까요?

3 The father in the fable thinks kindness is more important than beauty. Do you agree or disagree with the father?

우화 속의 아버지는 친절함이 아름다움보다 더 중요하다고 생각합니다. 아버지의 말에 동의하나요 아니면 동의하지 않나요?

4 In the fable, the father gives advice to both children. Who gives you advice in your life? Share some good advice they gave you.

우화에서, 아버지는 두 아이 모두에게 조언을 해 줍니다. 여러분의 삶에서는 누가 조언을 해 주나요? 그들이 여러분에게 해 준 좋은 조언을 몇 가지 이야기해 주세요.

5 The father tells the boy to be good, not just look good. What are some ways you can be a good person every day?

아버지는 아들에게 단지 멋져 보이는 것이 아니라, 마음이 멋진 사람이 되라고 말합니다. 매일 마음이 멋진 사람이 될 수 있는 방법에는 무엇이 있을까요?

Fable 2

The Goose that Laid the Golden Eggs

황금 알을 낳았던 거위

The Goose that Laid the Golden Eggs

Once there was an old man and an old woman.
They raised a goose
which was not like the other geese.
This goose laid eggs that were made of gold.

Every morning, they found a golden egg
in the goose's nest.
They took the eggs to the market and sold them.

They became very rich,
but they always wanted more money.
One day, the man said,
"I do not like waiting for a new egg each day.
Our special goose must be made of gold.
We should cut her open. Then we can get
all of the gold, and we will not have to wait."

So, they decided to kill the goose.

But when they cut it open, there was no gold inside.

After the goose was gone,

they did not get any more golden eggs.

In the end, they spent all their money and became poor.

The Goose that Laid the Golden Eggs

Once there was an **old man** / and an **old wo**man.

They **rai**sed a **goose** / which was **not** / like the **other geese**.

This goose laid **eggs** / that were **made** of **gold**.

Every morning, / they **found** a **gold**en **egg** / in the **goose's nest**.

They **took** the **eggs** to the **mar**ket / and **sold** them.

They became **very rich**, / but they **al**ways wanted / **more mo**ney.

One day, / the **man** said, / "I do **not** like / **wait**ing for a **new** egg / **each** day.

Our **spe**cial **goose** / **must** be **made** of **gold**.

We should **cut** her **o**pen.

Then / we can **get** / **all** of the **gold**, / and we will **not** / have to **wait**."

So, / they de**ci**ded / to **kill** the **goose**.

But / when they **cut** it **o**pen, / there was **no gold** / in**side**.

After the **goose** was **gone**, / they did **not** get / **any** more **gold**en **eggs**.

In the **end**, / they **spent all** their **mo**ney / and be**came poor**.

🚩 **Moral** **Peo**ple who are **full** of **greed** / may be **left** with **no**thing / in the **end**.

황금 알을 낳았던 거위

주요 단어 확인

옛날에 한 나이 많은 부부가 있었습니다. 그들은 다른 거위들과는 다른 거위 한 마리를 길렀습니다. 이 거위는 황금으로 만들어진 알을 낳았어요.

매일 아침, 부부는 거위 둥지에서 황금 알을 한 개씩 발견했습니다. 그들은 알들을 시장에 가져가서 팔았습니다. 그들은 아주 부자가 되었지만, 늘 더 많은 돈을 원했어요.

어느 날, 남편이 말했습니다. "나는 날마다 새로운 알을 한 개씩만 기다리는 것이 마음에 들지 않아. 우리의 특별한 거위는 황금으로 만들어진 것이 틀림없어. 우리는 거위를 갈라서 열어 봐야 해. 그러면 우리는 황금을 모두 차지할 수 있고, 기다리지 않아도 될 거야."
그래서, 부부는 거위를 죽이기로 결정했어요. 하지만 그들이 거위를 갈라서 열었을 때, 그 안에는 황금이 없었습니다.
거위가 죽은 후에, 부부는 더 이상 황금 알을 얻지 못했습니다.
결국, 그들은 자신들의 돈을 다 써 버렸고 가난해졌습니다.

1. 키우다, 기르다
- [ ] raise
- [ ] lay

2. 결심하다
- [ ] cut
- [ ] decide

3. 안에, 속에
- [ ] in the end
- [ ] inside

4. 둥지
- [ ] nest
- [ ] gold

5. 가난한
- [ ] rich
- [ ] poor

6. 소비하다
- [ ] wait
- [ ] spend

📌 **교훈** 욕심으로 가득 찬 사람들은 결국 빈털터리가 될 수도 있다.

1 The goose in the fable laid a golden egg every day. Imagine if you had a magic pet that could do something amazing every day. What would it be and why?

우화 속의 거위는 매일 황금 알을 한 개씩 낳았습니다. 매일 놀라운 일을 하는 마법의 반려동물이 있다고 상상해 보세요. 그것은 어떤 동물이었으면 하는지 그리고 그 이유는 무엇인가요?

2 The old man and woman in the fable wanted more than one egg per day. Has there been a time when you were not happy with what you had? Did you do anything to change the situation?

우화 속의 나이 많은 부부는 매일 한 개의 알보다 더 많이 원했습니다. 여러분이 가진 것으로 만족하지 않았던 때가 있었나요? 그 상황을 바꾸기 위해 어떤 행동을 했나요?

3 The man and the woman did not think much before killing the goose. Have you ever decided in a hurry and felt sad later on?

부부는 거위를 죽이기 전에 오래 생각하지 않았습니다. 성급하게 결정을 내리고 그 후에 안타까워했던 적이 있었나요?

4 If you were the old man and woman's friend, what advice would you have given them before they cut open the goose?

만약 여러분이 그 나이 많은 부부의 친구라면, 그들이 거위를 갈라서 열기 전에 어떤 조언을 해 주었을까요?

5 In your life now, what is it that you want more of? Why so?

현재 여러분의 삶에서, 여러분이 더 원하는 것은 무엇인가요? 왜 그런가요?

Fable
3

The Wind and the Sun

바람과 해

The Wind and the Sun

Long ago, the wind was bragging to the sun.
"I am much more powerful than you," he said.
"I do not think so," said the sun. "Let us find a way
to test each other."

The wind saw a man on the road.
"Do you see that man?" he asked. "I can get him
to take off his coat. Watch this."
The wind tried to blow the man's coat off.
He blew and blew, but he did not succeed.
When the wind blew harder,
the man held his coat more tightly.
"If I cannot do it," said the wind, "I am sure that
you will also fail."

"Let us see," said the sun.

The sun shone hard.

It changed the cold weather into hot weather.

After a while, the man was not cold anymore.

He took off his coat and enjoyed the sunshine.

"I am the winner," said the sun.

"I got the man to take off his coat."

Moral You can often get more things done with kindness than with force.

The Wind and the Sun

Long ago, / the **wind** / was **brag**ging to the **sun**.

"I am **much** more **po**werful / than you," / he said.

"I do **not think** so," / said the **sun**.

"Let us **find** a **way** / to **test** each other."

The **wind** / **saw** a **man** / on the **road**.

"Do you **see** that **man**?" / he **ask**ed.

"I can **get** him / to take **off** his **coat**. / **Watch this**."

The **wind** / **tried** to **blow** the man's **coat off**.

He **blew** and **blew**, / but he did **not** suc**ceed**.

When the **wind** blew **hard**er, / the **man** / **held** his **coat** more **tight**ly.

"If I can**not do** it," / said the **wind**, / "I am **sure** that / you will **also fail**."

"**Let** us **see**," / said the **sun**.

The **sun** / **shone hard**.

It **chan**ged the **cold** weather / into **hot** weather.

After a **while**, / the **man** / was **not cold** any**more**.

He took **off** his **coat** / and en**joy**ed the **sun**shine.

"**I** am the **win**ner," / said the **sun**.

"I **got** the **man** / to take **off** his **coat**."

⚑ **Moral** You can **often** / get **more** things **done** / with **kind**ness / than with **force**.

바람과 해

먼 옛날, 바람이 해에게 자랑을 하고 있었습니다.
"나는 너보다 훨씬 더 힘이 세." 바람이 말했습니다.
"나는 그렇게 생각하지 않아." 해가 말했어요. "서로를 시험해 볼 방법을 찾아보자."

바람은 길을 가고 있는 한 남자를 보았습니다.
"너는 저 남자가 보이지?" 바람이 물었어요. "나는 저 남자가 그의 코트를 벗게 할 수 있어. 잘 봐."
바람은 입김을 불어 남자의 코트를 날려 보내려고 했습니다. 바람은 불고 또 불었지만, 성공하지 못했습니다. 바람이 더 세게 불었을 때, 남자는 자신의 코트를 더 단단히 붙잡았습니다.
"만약 내가 그 일을 할 수 없다면 말이야." 바람이 말했습니다.
"나는 너 또한 실패할 거라고 확신해."
"어디 보자." 해가 말했어요.
해가 강하게 빛났습니다. 해는 추운 날씨를 더운 날씨로 바꾸었어요. 얼마 후, 남자는 더 이상 춥지 않았습니다. 그는 자신의 코트를 벗고 햇살을 즐겼습니다.
"내가 승자야." 해가 말했습니다. "나는 남자가 그의 코트를 벗게 했어."

주요 단어 확인

1. 단단히, 꽉
   ☐ tightly
   ☐ hard

2. 자랑하다
   ☐ succeed
   ☐ brag

3. 힘 있는
   ☐ powerful
   ☐ cold

4. 날씨
   ☐ weather
   ☐ road

5. 불다
   ☐ watch
   ☐ blow

6. 실패하다
   ☐ fail
   ☐ try

🔖 **교훈** 당신은 종종 힘보다 친절함으로 더 많은 일을 할 수 있다.

1 **The wind and the sun wanted to know who was more powerful. What is 'power'? Who is a 'powerful' person in your life?**

바람과 해는 누가 더 힘이 센지 알고 싶었습니다. '힘'이란 무엇일까요? 여러분의 삶에서 '힘이 센' 사람은 누구인가요?

2 **The sun and the wind had different ways of achieving the same goal. Has there been a time when you and someone else did something in different ways?**

해와 바람은 같은 목표를 다른 방법으로 달성하려고 했습니다. 여러분과 다른 누군가가 서로 다른 방법으로 어떤 일을 했던 적이 있었나요?

3 **The man felt comfortable when the sun changed the weather, so he took off his coat. Think of something you could change in your life to make everyone comfortable.**

남자는 해가 날씨를 바꾸었을 때 편하게 느꼈고, 그래서 그는 자신의 코트를 벗었습니다. 여러분이 모두를 편하게 만들어 주기 위해 당신의 삶에서 바꿀 수 있는 것을 생각해 보세요.

4 **Just like the sun's warm light, kindness can sometimes help people open up. Has there been a time when you or someone's kindness made someone else feel good?**

해의 따뜻한 햇빛과 마찬가지로, 친절은 종종 사람들이 마음을 열도록 도와줍니다. 여러분 혹은 다른 사람의 친절함이 다른 누군가를 기분 좋게 한 적이 있었나요?

5 **The sun was patient and kind, while the wind was forceful. Who do you think is a better friend, and why?**

해는 인내심 있고 친절했던 반면, 바람은 강압적이었습니다. 누가 더 좋은 친구라고 생각하나요, 그리고 왜 그렇게 생각하나요?

Fable 4

The Trees and the Axe
나무들과 도끼

The Trees and the Axe

Once there was a man
who wanted to make a house.
He needed wood for the house.
But he had a problem with his axe.
It had no handle, so he could not use it.

The man went to a group of trees
at the top of a hill.
He asked them kindly,
"May I please have one of these trees?"
He did not tell them the reason for the request.

The trees talked to one another about the request.
"Let us give him only a small tree," they said.
"Then he will leave us alone."
So, they gave the man a very small tree, and he left.

The man used the tree to make a handle
for his broken axe.
The next day, he went back to the top of the hill.
He cut down many trees to use them for his house.
The trees could do nothing to stop him.

Moral Be careful of people who take a little, as they may soon take a lot.

The Trees and the Axe

Once / there was a **man** / who **want**ed to **make** a **house**.
He **need**ed **wood** / for the **house**.
But he **had** a **pro**blem / with his **axe**.
It had **no han**dle, / **so** / he could **not use** it.

The **man** / **went** to a **group** of **trees** / at the **top** of a **hill**.
He **ask**ed them **kind**ly, / "**May** I **please** / have **one** of these **trees**?"
He did **not tell** them / the **rea**son for the re**quest**.
The **trees** / **talk**ed to **one** ano**ther** / about the re**quest**.
"**Let** us **give** him / **only** a **small** tree," / they said.
"**Then** / he will **leave** us a**lone**."
So, / they **gave** the **man** / a **very** small **tree**, / and he **left**.

The **man** / **used** the **tree** / to **make** a **han**dle / for his **bro**ken **axe**.
The **next** day, / he went **back** / to the **top** of the **hill**.
He cut **down** many **trees** / to **use** them for his **house**.
The **trees** / could do **nothing** / to **stop** him.

🚩 **Moral**　Be **careful** of **peo**ple / who **take** a **little**, / as they may **soon** / **take** a **lot**.

나무들과 도끼

옛날에 집을 만들고 싶었던 한 남자가 있었습니다. 그 남자는 집을 지을 목재가 필요했어요. 하지만 그는 자신의 도끼에 문제가 있었습니다. 도끼에는 손잡이가 없어서, 그는 도끼를 사용할 수 없었어요.

남자는 언덕 위에 무리를 이루고 있는 나무들에게 갔습니다. 그는 나무들에게 상냥하게 물었습니다. "제가 이 나무들 중 한 그루를 가져가도 될까요?"
그는 나무들에게 요청을 하는 이유는 말하지 않았어요.
나무들은 그 부탁에 대해 서로 이야기를 나누었습니다. "저 남자에게 그냥 작은 나무 한 그루를 주자." 나무들이 말했습니다. "그러면 그는 우리를 가만히 내버려 둘 거야."
그래서, 나무들은 남자에게 아주 작은 나무 한 그루를 주었고, 남자는 떠났습니다.

남자는 나무를 자신의 부러진 도끼 손잡이를 만드는 데 사용했어요.
다음 날, 남자는 다시 언덕 위로 갔습니다. 그는 자신의 집을 짓는 데 사용하기 위해 많은 나무들을 베었습니다. 나무들은 남자를 막기 위해 아무것도 할 수 없었습니다.

주요 단어 확인

1. **손잡이**
   - [ ] house
   - [ ] handle

2. **혼자**
   - [ ] alone
   - [ ] kindly

3. **요청, 요구**
   - [ ] request
   - [ ] top

4. **도끼**
   - [ ] axe
   - [ ] wood

5. **그대로 두다, 떠나다**
   - [ ] leave
   - [ ] talk

6. **언덕**
   - [ ] group
   - [ ] hill

📑 **교훈** 조금만 가져가는 사람들을 조심하라, 그들은 조만간 많이 가져갈 지도 모른다.

1 The trees thought the man would not come back if they gave him a small tree. Have you ever tried to solve a problem with little effort? Did it work?

나무들은 남자에게 작은 나무 한 그루를 주면 그가 다시 오지 않을 거라고 생각했습니다. 작은 노력으로 문제를 해결하려고 했던 적이 있었나요? 효과가 있었나요?

2 Do you think the man would not have come back if the trees had given him a big tree the very first time? Why or why not?

만약 나무들이 남자에게 처음부터 큰 나무 한 그루를 주었다면 그가 다시 오지 않았을 거라고 생각하나요? 그렇다고 생각하거나 그렇지 않다고 생각한다면, 그 이유는 무엇인가요?

3 The man did not tell his real plan to the trees. Have you ever made your plans secret? Did that hurt anyone? Is it better to always share your plans with others?

남자는 나무들에게 자신의 진짜 계획을 말하지 않았습니다. 여러분의 계획을 비밀로 한 적이 있었나요? 그것이 누군가의 마음을 아프게 했나요? 여러분의 계획을 다른 사람들과 공유하는 것이 항상 더 좋을까요?

4 There are many things we get from nature. At times, we use too much of them. What are some things you can do to use just the right amount?

우리는 자연으로부터 많은 것을 얻을 수 있습니다. 때로, 우리는 그것들을 너무 많이 소모합니다. 딱 적당량만 사용하기 위해 여러분이 할 수 있는 것들에는 무엇이 있을까요?

5 The man did not think about the trees' feelings when cutting more trees. Has there been a time when someone did not consider your feelings? How did you feel?

남자는 더 많은 나무들을 베면서 나무들의 감정은 생각하지 않았습니다. 누군가가 여러분의 감정을 고려하지 않았던 적이 있었나요? 기분이 어땠나요?

Fable
5

The Dog and His Reflection

개와 그 자신의 그림자

The Dog and His Reflection

There once was a dog who saw a bone in a shop. He ran in, grabbed the bone, and ran out again.

On the way home, he started walking over a bridge.
He looked over the side of the bridge.
He could see another dog in the water.
That dog also had a bone!
The dog did not know that
he was only looking at his own reflection.

"That is a nice, big bone just like mine,"
thought the dog. "I will jump into the water
and steal that dog's bone.
Then I will have two bones for my dinner."
So, the dog jumped into the water.

But when he landed,
he did not see a dog or a bone.
Also, the dog's own bone fell into the river
when he jumped in.
In the end, he had no bones at all.

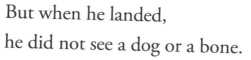

⚑ Moral If you always want more than you have, your greed could make you lose everything.

The Dog and His Reflection

There **once** was a **dog** / who saw a **bone** / in a **shop**.

He ran **in**, / **grab**bed the **bone**, / and ran **out** a**gain**.

On the **way home**, / he **start**ed **walk**ing over a **bridge**.

He looked **over** / the **side** of the **bridge**.

He could **see** an**other dog** / in the **wa**ter.

That dog / **also** had a **bone**!

The **dog** did **not know** / that he was **only look**ing / at his **own** re**flec**tion.

"**That** is a **nice**, big **bone** / **just** like **mine**," / **thought** the **dog**.

"I will **jump** / into the **water** / and **steal that** dog's **bone**.

Then / I will have **two** bones / for my **din**ner."

So, / the **dog jump**ed / into the **wa**ter.

But when he **land**ed, / he did **not see** a **dog** / or a **bone**.

Also, / the **dog's own** bone / **fell** into the **riv**er / when he jumped **in**.

In the **end**, / he had **no** bones / at **all**.

🚩 **Moral** If you **al**ways want **more** / than you **have**, / your **greed** / could **make** you **lose**, / **every**thing.

개와 그 자신의 그림자

옛날에 한 가게에서 뼈다귀 하나를 본 개가 있었습니다.
개는 달려 들어가서, 뼈다귀를 낚아채고, 다시 달려 나왔습니다.
집에 오는 길에, 개는 다리 위로 걸어가기 시작했습니다.
개는 다리 옆을 넘겨다보았습니다. 개는 물 속에 있는 다른
개 한 마리를 볼 수 있었습니다. 그 개 또한 뼈다귀를 물고
있었어요!

개는 자신이 단지 자기 자신의 그림자를 보고 있다는 것을
알지 못했어요.

"저것은 내 것과 똑같이 좋고, 큰 뼈다귀인걸." 개는 생각했어요.
"나는 물 안으로 뛰어들어서 저 개의 뼈다귀를 뺏을 거야.
그러면 나는 내 저녁으로 두 개의 뼈다귀를 먹게 되겠지."

그래서, 개는 물 안으로 뛰어들었습니다. 하지만 뛰어내렸을
때, 개는 다른 개도 뼈다귀도 보지 못했습니다. 또한, 개가
뛰어들었을 때 개 자신의 뼈다귀가 강에 빠졌습니다. 결국,
개는 뼈다귀를 한 개도 먹지 못했습니다.

주요 단어 확인

1. 뼈
   - [ ] bone
   - [ ] side

2. (거울에 비친) 상, 모습
   - [ ] mine
   - [ ] reflection

3. 움켜잡다
   - [ ] grab
   - [ ] steal

4. ~에 빠지다
   - [ ] look over
   - [ ] fall into

5. 다리
   - [ ] bridge
   - [ ] river

6. 자신의
   - [ ] another
   - [ ] own

📌 **교훈** 만약 당신이 늘 가진 것보다 더 많이 원하면, 당신의 탐욕은 당신
으로 하여금 모든 것을 잃게 만들 수도 있다.

The Dog and His Reflection • 45

1 In the fable, the dog quickly decides to jump into the water. Has there been a time when you quickly made a choice and did not have a good result?

우화에서, 개는 물 안으로 뛰어들기로 빠르게 결심합니다. 서둘러서 선택을 하는 바람에 좋지 않은 결과를 낳았던 적이 있었나요?

2 The dog lost his bone because he wanted more. Have you ever lost something precious while trying to get something else?

개는 더 원했기 때문에 자신의 뼈다귀를 잃었습니다. 다른 것을 얻으려다가 귀중한 것을 잃어 본 적이 있었나요?

3 Do you think the dog in the fable was greedy? When was the last time you were greedy? What did you want? What happened at the end?

우화 속의 개가 욕심이 많았다고 생각하나요? 마지막으로 욕심을 부렸던 적은 언제인 가요? 무엇을 원했나요? 결국 무슨 일이 일어났나요?

4 If you were the dog and saw the reflection on the water, would you have also jumped?

만약 여러분이 그 개이고 물 위에 비친 모습을 보았다면, 여러분 또한 뛰어들었을 것 같나요?

5 Do you think the dog learned something after losing all the bones? If so, what would it be?

여러분은 그 개가 뼈다귀를 모두 잃은 후에 무언가를 배웠을 거라 생각하나요? 만약 그렇다면, 무엇을 배웠을 것 같나요?

Fable

6

The Fir Tree
and the Bramble

전나무와 가시덤불

The Fir Tree and the Bramble

Once there was a large hill. At the top,
a fir tree and a bramble bush were growing.
One day, the fir tree told the bramble bush,
"I am such a tall and beautiful tree.
And my wood is very strong.
But look at you. You are short, messy, and ugly."
When the bramble bush heard this,
it became very unhappy.
It knew that the fir tree's words were true,
and it felt useless.

The next day,

some men came to the hill with their axes.

They saw the fir tree and chopped it down.

They knew the fir tree's wood was strong,

so they wanted to use it to build a house.

"Oh no!" shouted the fir tree

when the men started their work.

"If I were a bramble bush,

this would not have happened."

🔖 **Moral** Be careful about being too proud, as you may regret it in the end.

The Fir Tree and the Bramble

Once / there was a **large** hill.

At the **top**, / a **fir** tree / and a **bram**ble **bush** / were **grow**ing.

One day, / the **fir** tree / **told** the **bram**ble bush, /

"I am **such** a **tall** / and beautiful **tree**.

And my **wood** / is **very strong**.

But **look** at **you**. / **You** are **short**, / **mess**y, / and **ugly**."

When the **bram**ble **bush** / **heard** this, / it became **very** un**hap**py.

It **knew** / that the **fir** tree's **words** / were **true**, / and it **felt use**less.

The **next** day, / some **men** / **came** to the **hill** / with their **axes**.

They **saw** the **fir** tree / and **chop**ped it **down**.

They **knew** / the **fir** tree's **wood** / was **strong**,

so / they **want**ed to **use** it / to **build** a **house**.

"Oh **no**!" / **shout**ed the **fir** tree / when the **men** / **start**ed their **work**.

"If **I** were a **bram**ble **bush**, / **this** would **not** have **hap**pened."

∎ **Moral** Be **careful** / about being **too proud**, / as you may re**gret** it / in the **end**.

전나무와 가시덤불

옛날에 커다란 언덕이 있었습니다. 꼭대기에는, 전나무 한 그루와 가시덤불 한 그루가 자라고 있었습니다.

어느 날, 전나무가 가시덤불에게 말했습니다. "나는 아주 크고 아름다운 나무야. 그리고 내 목재는 아주 튼튼해. 하지만 너를 좀 봐. 너는 작고, 지저분하고, 그리고 못생겼어."

가시덤불이 이 말을 들었을 때, 가시덤불은 아주 슬퍼졌어요. 가시덤불은 전나무의 말이 사실이라는 것을 알았고, 자신이 쓸모없게 느껴졌습니다.

다음날, 몇몇 남자들이 자신들의 도끼를 들고 언덕으로 왔습니다.

그들은 전나무를 보고 그것을 쳐서 쓰러뜨렸습니다. 그들은 전나무의 목재가 튼튼하다는 것을 알았고, 그래서 그들은 그것을 사용해서 집을 짓고 싶었습니다.

"아 안 돼!" 남자들이 그들의 작업을 시작하자 전나무가 소리쳤습니다. "만약 내가 가시덤불이었다면, 이 일은 일어나지 않았을 거야."

📕 **교훈** 지나치게 자랑하는 것을 조심하라, 결국에 당신은 그것을 후회할지도 모른다.

주요 단어 확인

1. (장작을) 패다
- [ ] start
- [ ] chop

2. 지저분한
- [ ] ugly
- [ ] messy

3. 쓸모없는
- [ ] useless
- [ ] unhappy

4. 후회하다
- [ ] regret
- [ ] hear

5. 짓다
- [ ] shout
- [ ] build

6. 자라다
- [ ] grow
- [ ] feel

1 **The fir tree was proud of its height. What is something you are proud of about yourself?**

전나무는 자신의 키가 자랑스러웠습니다. 여러분이 자기 자신에 대해 자랑스러워하는 점은 무엇인가요?

2 **Like the fir tree, have you ever judged someone by their looks? How did it make you feel?**

전나무처럼, 누군가를 외모로 판단한 적이 있었나요? 그것으로 인해 여러분의 기분은 어땠나요?

3 **The fir tree made the bramble bush feel sad. Have you ever felt sad because of someone's words? How did you deal with it?**

전나무는 가시덤불을 슬프게 했습니다. 누군가의 말 때문에 슬펐던 적이 있었나요? 여러분은 그 상황을 어떻게 대처했나요?

4 **How would you have felt if you were the bramble bush listening to the fir tree? What could you have said back to the fir tree?**

만약 여러분이 전나무의 말을 듣고 있는 가시덤불이라면 기분이 어땠을까요? 여러분은 전나무에게 어떻게 대답할 수 있었을까요?

5 **The fir tree was proud of its strong wood, but it got cut down because of it. Has there been a time when your strength became a weakness? How did it happen?**

전나무는 자신의 튼튼한 목재를 자랑스러워했지만, 그것 때문에 벌목되었습니다. 여러분의 장점이 단점이 되었던 적이 있었나요? 어떻게 그런 일이 일어났나요?

Fable
7

The Ant and the Dove

개미와 비둘기

The Ant and the Dove

Once there was an ant
who was walking near a river.
He tried to take a drink from the river,
but he fell in.
A dove was flying by, and she saw the ant.
"He is in trouble," she said to herself.
"I will drop a leaf on the water.
Then the ant can climb onto it and be safe."

So, the dove found a leaf and dropped it.
The ant climbed up and used it like a boat.
"Thank you, dove," said the ant.
"I hope I can help you some day."

After a while, a man was walking by.
He saw the dove in the tree.
He tried to shoot it with his gun.
But the ant ran to the man and bit his ankle.

The man jumped because of the pain.
His bullet flew the wrong way,
and the dove was safe.
"Thank you for helping me, ant," said the dove
as she flew away.

⚑ Moral No matter your size, you can always find a way to help.

The Ant and the Dove

Once / there was an **ant** / who was **walk**ing / near a **ri**ver.

He **tried** to **take** a **drink** / from the **ri**ver, / but he fell **in**.

A **dove** was flying **by**, / and she **saw** the **ant**.

"He is in **trouble**," / she **said** to her**self**.

"I will **drop** a **leaf** / on the **wa**ter.

Then the **ant** / can **climb** onto it / and be **safe**."

So, / the **dove** / **found** a **leaf** / and **drop**ped it.

The **ant** climbed **up** / and **used** it / like a **boat**.

"**Thank** you, **dove**," / said the **ant**.

"I **hope** I can **help** you / **some** day."

After a **while**, / a **man** / was walking **by**.

He **saw** the **dove** / in the **tree**.

He **tried** to **shoot** it / with his **gun**.

But the **ant** / **ran** to the **man** / and **bit** his **an**kle.

The **man jump**ed / because of the **pain**.

His **bullet** / **flew** the **wrong way**, / and the **dove** / was **safe**.

"**Thank** you / for **help**ing me, **ant**," / said the **dove** / as she flew **away**.

◪ **Moral** No **mat**ter your **size**, / you can **always find** a **way** / to **help**.

개미와 비둘기

옛날에 강가를 걷고 있던 개미 한 마리가 있었습니다. 개미는 강에서 물 한 모금을 마시려고 했지만, 그만 빠져 버렸습니다. 비둘기 한 마리가 근처를 날아가다가, 개미를 보았습니다. "개미가 곤경에 빠졌네." 비둘기가 혼잣말을 했어요. "나는 물에 나뭇잎 하나를 떨어뜨려 줄 거야. 그러면 개미가 그 위로 올라와서 안전해질 수 있어."

그래서, 비둘기는 나뭇잎 하나를 찾아서 그것을 떨어뜨렸습니다. 개미는 위로 올라와서 그것을 보트처럼 사용했습니다. "고마워, 비둘기야." 개미가 말했어요. "나도 언젠가 너를 도울 수 있기를 바라."

얼마 후, 한 남자가 지나가고 있었습니다.
남자는 나무 위에 있는 비둘기를 보았습니다. 그는 자신의 총으로 비둘기를 쏘려고 했습니다. 하지만 개미가 남자에게 달려가 그의 발목을 물었어요.
남자는 고통스러워서 펄쩍 뛰었습니다. 남자의 총알은 다른 방향으로 날아갔고, 비둘기는 무사했습니다.
"나를 도와줘서 고마워, 개미야." 비둘기가 멀리 날아가면서 말했습니다.

주요 단어 확인

1. 총
   - [ ] gun
   - [ ] bullet

2. 떨어뜨리다
   - [ ] drop
   - [ ] find

3. 쏘다
   - [ ] shoot
   - [ ] jump

4. 곤경, 문제
   - [ ] dove
   - [ ] trouble

5. 발목
   - [ ] leaf
   - [ ] ankle

6. 오르다, 올라가다
   - [ ] fall
   - [ ] climb

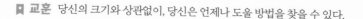

🔖 **교훈** 당신의 크기와 상관없이, 당신은 언제나 도울 방법을 찾을 수 있다.

1 **The dove saved the ant with a leaf. Has anyone helped you when you were in trouble?**

비둘기는 나뭇잎 한 장으로 개미를 구해 주었습니다. 여러분이 곤경에 처했을 때 누군 가가 여러분을 도와준 적이 있었나요?

2 **The ant bit the man's ankle to save the dove. Has there been a time when you helped a friend in need? How did it make you feel?**

개미는 비둘기를 구하기 위해 남자의 발목을 물었습니다. 어려움에 처한 친구를 도와주 었던 적이 있었나요? 그것으로 인해 어떤 기분이 들었나요?

3 **The ant repaid the kindness by saving the dove. Do you think it is important to repay the kindness after getting help?**

개미는 비둘기를 구해줌으로써 그 친절에 보답했습니다. 여러분은 도움을 받은 후에 그 친절에 보답하는 것이 중요하다고 생각하나요?

4 **The ant thanked the dove, and the dove thanked the ant. Why is saying 'thank you' important when someone helps us?**

개미는 비둘기에게 고맙다고 했고, 비둘기도 개미에게 고마워했습니다. 누군가가 우리를 도와줄 때 '고맙다'고 말하는 것은 왜 중요한가요?

5 **The dove and the ant helped each other even though they were very different. Has there been a time when you helped someone very different from you?**

비록 비둘기와 개미는 아주 달랐지만 서로를 도왔습니다. 여러분과 아주 다른 누군가를 도와주었던 적이 있었나요?

Fable
8

The Boys and the Frogs

소년들과 개구리들

The Boys and the Frogs

There was once three boys playing near a pond.
There were a lot of frogs living in the pond.
The boys saw the frogs,
and one of them had an idea.

"Let us scare the frogs
to see how high they will jump," said one bad boy.
"We can find some stones to throw at them," he said.
So, the boys looked around on the ground
for some stones.

In the water, a little frog saw the boys gathering stones. He figured out their plan.

So, he swam to the shore and hopped over to the boys, shouting, "Stop!"

The boys were shocked and looked at the frog.
"You may think it is fun to throw stones," the frog
said. "But it is scary for us.
You would not like this if you were a frog.
Put down the stones
and leave all of us frogs in peace."

⚑ Moral You should treat others the way that you want to be treated.

The Boys and the Frogs

There was **once three** boys / **play**ing near a **pond**.

There were a **lot** of **frogs** / **liv**ing in the **pond**.

The **boys** / **saw** the **frogs**, / and **one** of them / **had** an i**dea**.

"Let us **scare** the **frogs** / to **see** how **high** they will **jump**," /
said **one** bad **boy**.

"We can **find** some **stones** / to **throw** at them," / he said.

So, / the **boys** looked a**round** / on the **ground** / for some **stones**.

In the **wa**ter, / a **little** frog **saw** the **boys** / **ga**thering **stones**.

He figured **out** their **plan**.

So, / he **swam** to the **shore** / and hopped **over** to the **boys**, /
shouting, / "**Stop!**"

The **boys** were **shock**ed / and **look**ed at the **frog**.

"You may **think** it is **fun** / to throw **stones**," / the **frog** said.

"But it is **scary** for us. / You would **not like** this / if **you** were a
frog.

Put **down** the **stones** / and **leave** / **all** of us **frogs** / in **peace**."

⬛ Moral You should **treat others** / the **way** / that **you want** to be **treat**ed.

소년들과 개구리들

옛날에 한 연못 근처에서 놀고 있는 세 명의 소년들이 있었습니다.

연못에는 많은 개구리들이 살고 있었습니다.

소년들은 개구리들을 보았고, 그들 중 한 소년에게 좋은 생각이 떠올랐습니다.

"개구리들을 놀라게 해서 개구리들이 얼마나 높이 뛰는지 보자." 한 심술궂은 소년이 말했어요. "우리는 돌을 좀 찾아서 개구리들에게 던질 수 있어." 그 소년이 말했어요.

그래서, 소년들은 돌을 찾아 땅을 이리저리 살펴보았습니다.

물 안에서, 작은 개구리 한 마리가 소년들이 돌을 모으는 것을 보았습니다.

작은 개구리는 소년들의 계획을 알아차렸어요.

그래서, 작은 개구리는 연못가로 헤엄쳐 가서 소년들에게로 폴짝 뛰어 다가가, 소리쳤습니다. "그만둬!"

소년들은 놀라서 개구리를 쳐다보았어요.

"너희들은 돌을 던지는 것이 재미있다고 생각할지도 몰라." 개구리가 말했어요. "하지만 그건 우리에게는 두려운 일이야. 만약 너희들이 개구리라면 너희들도 이런 일을 좋아하지 않을 거야. 돌을 내려놓고 우리 개구리들을 모두 조용히 내버려 둬."

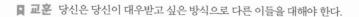

🚩 **교훈** 당신은 당신이 대우받고 싶은 방식으로 다른 이들을 대해야 한다.

주요 단어 확인

1. **겁주다**
   - ☐ hop
   - ☐ scare

2. **연못**
   - ☐ shore
   - ☐ pond

3. **모으다**
   - ☐ gather
   - ☐ play

4. **돌, 돌멩이**
   - ☐ stone
   - ☐ peace

5. **대우하다**
   - ☐ treat
   - ☐ shout

6. **충격을 받은**
   - ☐ scary
   - ☐ shocked

1 Have you ever had a plan that seemed fun but could have hurt someone else? What was it, and why did you think it was fun?

재미있어 보였지만 다른 누군가를 상처 줄 수 있는 계획을 세운 적이 있었나요? 무슨 계획이었으며, 왜 그것이 재미있다고 생각했나요?

2 The frog asked the boys to put down the stones. How would the boys have felt? Why do you think so?

개구리는 소년들에게 돌을 내려놓으라고 요청했습니다. 소년들은 기분이 어땠을까요? 왜 그렇게 생각하나요?

3 The frog in the fable was brave. Has there been a time when you were brave for yourself or others? What did you do?

우화 속의 개구리는 용감했습니다. 여러분 자신이나 다른 사람들을 위해 용감했던 적이 있었나요? 여러분은 무슨 일을 했나요?

4 Do you think it is okay to scare or harm animals for fun? Why or why not?

재미로 동물들을 겁주거나 해치는 것이 괜찮다고 생각하나요? 그렇다고 생각하거나 그렇지 않다고 생각한다면 그 이유는 무엇인가요?

5 Do you think the boys threw the stones in the end?

여러분은 소년들이 결국 돌을 던졌을 거라고 생각하나요?